Diario de viaje para parejas

NUESTRAS VUELTAS AL MUNDO

Editorial: Barcelover.

Diseñado en Barcelona

ESTE CUADERNO GUARDA LAS MEMORIAS DE LOS AVENTUREROS:

_____

Descubrir cada rincón del mundo juntos...¡Eso sí es un sueño hecho realidad!

NUESTRAS VUELTAS AL MUNDO

Hemos viajado _____ Veces en nuestras vidas.

En promedio la distancia recorrida en cada viaje ha sido:_____Km

Si dar la vuelta al mundo son 40.000 km,

Significa que hemos dado_____vueltas al mundo.

FÓRMULA:

Cantidad de viajes x km promedio recorridos

_____ = Vueltas al mundo

         40.000

ÍNDICE

El viaje perfecto
comienza a tu lado.

BUCKET LIST

Lugares que soñamos con visitar

DESTINO	¡HECHO!	DESTINO	¡HECHO!
_____	__/__/__	_____	__/__/__
_____	__/__/__	_____	__/__/__
_____	__/__/__	_____	__/__/__
_____	__/__/__	_____	__/__/__
_____	__/__/__	_____	__/__/__
_____	__/__/__	_____	__/__/__
_____	__/__/__	_____	__/__/__
_____	__/__/__	_____	__/__/__
_____	__/__/__	_____	__/__/__
_____	__/__/__	_____	__/__/__
_____	__/__/__	_____	__/__/__
_____	__/__/__	_____	__/__/__
_____	__/__/__	_____	__/__/__
_____	__/__/__	_____	__/__/__
_____	__/__/__	_____	__/__/__
_____	__/__/__	_____	__/__/__
_____	__/__/__	_____	__/__/__
_____	__/__/__	_____	__/__/__
_____	__/__/__	_____	__/__/__
_____	__/__/__	_____	__/__/__

PEQUEÑAS PREGUNTAS SOBRE NUESTROS GRANDES VIAJES

SI PUDIÉRAMOS VIVIR EN CUALQUIER RINCÓN DEL MUNDO SERÍA: _____

SI PUDIÉRAMOS ELEGIR UN SUPER-PODER AL VIAJAR SERÍA: _____

NUESTRO LUGAR IDEAL EN EL AVIÓN ES:_____

LO MÁS BONITO DE LOS DESAYUNOS SON: _____

CUANDO VIAJAMOS SOLEMOS DEDICAR POCO TIEMPO A:_____

POR OTRO LADO SOLEMOS DEDICAR MUCHO TIEMPO A: _____

CUANDO VIAJAMOS BUSCAMOS: ATARDECERES / AMANECERES

NUESTRA MEJOR AVENTURA HA SIDO: _____

EL SOUVENIR MÁS BONITO QUE HEMOS TRAÍDO DE UN VIAJE: _____

LO QUE NUNCA OLVIDAMOS LLEVAR EN NUESTROS VIAJES ES: _____

SOMOS: URBANITAS / AVENTUREROS DE MONTAÑA / AMANTES DEL MAR/_____

CUANDO MIRAMOS HACIA ATRÁS NUESTROS VIAJES PENSAMOS QUE: _____
_____

PENSÁBAMOS QUÉ LO HABÍAMOS VISTO TODO HASTA QUE: _____
_____

PEQUEÑOS LUJOS QUE NOS GUSTA DARNOS CUANDO VIAJAMOS:_____
_____

EN NUESTROS PRÓXIMOS VIAJES NOS GUSTARÍA PROBAR: _____
_____

SI TUVIÉRAMOS TODOS EL DINERO DEL MUNDO: _____
_____

NUESTRO MOMENTO FAVORITO DE LOS VIAJES ES: _____
_____

PERDEMOS LA NOCIÓN DEL TIEMPO CUANDO: _____
_____

COSAS QUE HACEMOS CUANDO ESTAMOS DE VIAJE Y NO EN CASA: _____
_____

CUANDO VIAJAMOS ECHAMOS DE MENOS: _____
_____

PEQUEÑAS GRANDES COSAS QUE AMO CUANDO VIAJAMOS JUNTOS ES: _____
_____

Viajar juntos es soñar despiertos.

Foto

DESTINO:_____**FECHA:** _____/_____/_____

TRANSPORTE: _____
EL TIEMPO: _____
EL MEJOR PLATO QUE HEMOS PROBADO: _____
HEMOS ELEGIDO ESTE SITIO PORQUE: _____
EL CHOQUE CULTURAL MÁS GRANDE: _____
PALABRAS NUEVAS APRENDIDAS: _____
UNA ANÉCDOTA GRACIOSA: _____
LO MÁS BONITO DEL VIAJE: _____
HEMOS APRENDIDO: _____
A MEJORAR EN NUESTRO PRÓXIMO VIAJE: _____

NOTAS:_____
_____
_____
_____
_____
_____
_____
_____
_____
_____
_____
_____
_____
_____
_____
_____
_____
_____
_____
_____
_____
_____
_____
_____
_____
_____
_____

Podría vivir con tan sólo una maleta si eso significase que vamos a recorrer el mundo juntos.

Foto

DESTINO:_____ **FECHA:** _____/_____/_____

TRANSPORTE: _____

EL TIEMPO: _____

EL MEJOR PLATO QUE HEMOS PROBADO: _____

HEMOS ELEGIDO ESTE SITIO PORQUE: _____

EL CHOQUE CULTURAL MÁS GRANDE:_____

PALABRAS NUEVAS APRENDIDAS: _____

UNA ANÉCDOTA GRACIOSA:_____

LO MÁS BONITO DEL VIAJE: _____

HEMOS APRENDIDO:_____

A MEJORAR EN NUESTRO PRÓXIMO VIAJE:_____

NOTAS:_____
_____
_____
_____
_____
_____
_____
_____
_____
_____
_____
_____
_____
_____
_____
_____
_____
_____
_____
_____
_____
_____
_____
_____
_____
_____

Mi asiento preferido del avión es a tu lado.

Foto

DESTINO:_____ **FECHA:** _____/_____/_____

TRANSPORTE: _____
EL TIEMPO: _____
EL MEJOR PLATO QUE HEMOS PROBADO: _____
HEMOS ELEGIDO ESTE SITIO PORQUE: _____
EL CHOQUE CULTURAL MÁS GRANDE: _____
PALABRAS NUEVAS APRENDIDAS: _____
UNA ANÉCDOTA GRACIOSA: _____
LO MÁS BONITO DEL VIAJE: _____
HEMOS APRENDIDO: _____
A MEJORAR EN NUESTRO PRÓXIMO VIAJE: _____

NOTAS:_____
_____
_____
_____
_____
_____
_____
_____
_____
_____
_____
_____
_____
_____
_____
_____
_____
_____
_____
_____
_____
_____
_____
_____
_____
_____
_____
_____

La medida de nuestro amor es con millas.

Foto

DESTINO:_____ **FECHA:** _____/_____/_____

TRANSPORTE: _____
EL TIEMPO: _____
EL MEJOR PLATO QUE HEMOS PROBADO: _____
HEMOS ELEGIDO ESTE SITIO PORQUE: _____
EL CHOQUE CULTURAL MÁS GRANDE:_____
PALABRAS NUEVAS APRENDIDAS: _____
UNA ANÉCDOTA GRACIOSA:_____
LO MÁS BONITO DEL VIAJE: _____
HEMOS APRENDIDO:_____
A MEJORAR EN NUESTRO PRÓXIMO VIAJE:_____

NOTAS:_____
_____
_____
_____
_____
_____
_____
_____
_____
_____
_____
_____
_____
_____
_____
_____
_____
_____
_____
_____
_____
_____
_____
_____
_____
_____

Tu eres mi destino favorito.

Foto

DESTINO:_____**FECHA:**_____/_____/_____

TRANSPORTE: _____
EL TIEMPO: _____
EL MEJOR PLATO QUE HEMOS PROBADO: _____
HEMOS ELEGIDO ESTE SITIO PORQUE: _____
EL CHOQUE CULTURAL MÁS GRANDE:_____
PALABRAS NUEVAS APRENDIDAS: _____
UNA ANÉCDOTA GRACIOSA:_____
LO MÁS BONITO DEL VIAJE: _____
HEMOS APRENDIDO:_____
A MEJORAR EN NUESTRO PRÓXIMO VIAJE:_____

NOTAS:_____
_____
_____
_____
_____
_____
_____
_____
_____
_____
_____
_____
_____
_____
_____
_____
_____
_____
_____
_____
_____
_____
_____
_____
_____
_____
_____
_____

¡Voy a llenarte de aventuras!

Foto

DESTINO:_____ **FECHA:** _____/_____/_____

TRANSPORTE: _____
EL TIEMPO: _____
EL MEJOR PLATO QUE HEMOS PROBADO: _____
HEMOS ELEGIDO ESTE SITIO PORQUE: _____
EL CHOQUE CULTURAL MÁS GRANDE:_____
PALABRAS NUEVAS APRENDIDAS: _____
UNA ANÉCDOTA GRACIOSA:_____
LO MÁS BONITO DEL VIAJE: _____
HEMOS APRENDIDO:_____
A MEJORAR EN NUESTRO PRÓXIMO VIAJE:_____

NOTAS:_____
_____
_____
_____
_____
_____
_____
_____
_____
_____
_____
_____
_____
_____
_____
_____
_____
_____
_____
_____
_____
_____
_____
_____
_____
_____

Los viajes son como el chocolate. Aunque volvemos fundidos, ¡saben tan dulces!

Foto

DESTINO:_____**FECHA:** _____/_____/_____

TRANSPORTE: _____
EL TIEMPO: _____
EL MEJOR PLATO QUE HEMOS PROBADO: _____
HEMOS ELEGIDO ESTE SITIO PORQUE: _____
EL CHOQUE CULTURAL MÁS GRANDE: _____
PALABRAS NUEVAS APRENDIDAS: _____
UNA ANÉCDOTA GRACIOSA: _____
LO MÁS BONITO DEL VIAJE: _____
HEMOS APRENDIDO: _____
A MEJORAR EN NUESTRO PRÓXIMO VIAJE: _____

NOTAS:_____
_____
_____
_____
_____
_____
_____
_____
_____
_____
_____
_____
_____
_____
_____
_____
_____
_____
_____
_____
_____
_____
_____
_____
_____
_____

Nuestros pasaportes son nuestro cajón de los recuerdos.

Foto

DESTINO:_____ FECHA: ____/____/____

TRANSPORTE: _____
EL TIEMPO: _____
EL MEJOR PLATO QUE HEMOS PROBADO: _____
HEMOS ELEGIDO ESTE SITIO PORQUE: _____
EL CHOQUE CULTURAL MÁS GRANDE: _____
PALABRAS NUEVAS APRENDIDAS: _____
UNA ANÉCDOTA GRACIOSA: _____
LO MÁS BONITO DEL VIAJE: _____
HEMOS APRENDIDO: _____
A MEJORAR EN NUESTRO PRÓXIMO VIAJE: _____

NOTAS:_____
_____
_____
_____
_____
_____
_____
_____
_____
_____
_____
_____
_____
_____
_____
_____
_____
_____
_____
_____
_____
_____
_____
_____
_____
_____

La playlist de mis viajes
son tus palabras.

Foto

DESTINO:_____ **FECHA:** ____/____/____

TRANSPORTE: _____
EL TIEMPO: _____
EL MEJOR PLATO QUE HEMOS PROBADO: _____
HEMOS ELEGIDO ESTE SITIO PORQUE: _____
EL CHOQUE CULTURAL MÁS GRANDE:_____
PALABRAS NUEVAS APRENDIDAS: _____
UNA ANÉCDOTA GRACIOSA:_____
LO MÁS BONITO DEL VIAJE: _____
HEMOS APRENDIDO:_____
A MEJORAR EN NUESTRO PRÓXIMO VIAJE:_____

NOTAS:_____
_____
_____
_____
_____
_____
_____
_____
_____
_____
_____
_____
_____
_____
_____
_____
_____
_____
_____
_____
_____
_____
_____
_____
_____
_____
_____

Tú eres la única brújula
que necesito en mis viajes.

Foto

DESTINO:_____**FECHA:** ____/____/____

TRANSPORTE: _____
EL TIEMPO: _____
EL MEJOR PLATO QUE HEMOS PROBADO: _____
HEMOS ELEGIDO ESTE SITIO PORQUE: _____
EL CHOQUE CULTURAL MÁS GRANDE:_____
PALABRAS NUEVAS APRENDIDAS: _____
UNA ANÉCDOTA GRACIOSA:_____
LO MÁS BONITO DEL VIAJE: _____
HEMOS APRENDIDO:_____
A MEJORAR EN NUESTRO PRÓXIMO VIAJE:_____

NOTAS:_____
_____
_____
_____
_____
_____
_____
_____
_____
_____
_____
_____
_____
_____
_____
_____
_____
_____
_____
_____
_____
_____
_____
_____
_____
_____

El amor no hace girar el mundo. El amor es lo que hace que el viaje valga la pena.

Foto

DESTINO:_____**FECHA:** _____/_____/_____

TRANSPORTE: _____
EL TIEMPO: _____
EL MEJOR PLATO QUE HEMOS PROBADO: _____
HEMOS ELEGIDO ESTE SITIO PORQUE: _____
EL CHOQUE CULTURAL MÁS GRANDE:_____
PALABRAS NUEVAS APRENDIDAS: _____
UNA ANÉCDOTA GRACIOSA:_____
LO MÁS BONITO DEL VIAJE: _____
HEMOS APRENDIDO:_____
A MEJORAR EN NUESTRO PRÓXIMO VIAJE:_____

NOTAS:_____
_____
_____
_____
_____
_____
_____
_____
_____
_____
_____
_____
_____
_____
_____
_____
_____
_____
_____
_____
_____
_____
_____
_____
_____
_____
_____

Perdernos entre calles de
ciudades desconocidas,
¡Eso son aventuras!

Foto

DESTINO:_____**FECHA:** _____/_____/_____

TRANSPORTE: _____

EL TIEMPO: _____

EL MEJOR PLATO QUE HEMOS PROBADO: _____

HEMOS ELEGIDO ESTE SITIO PORQUE: _____

EL CHOQUE CULTURAL MÁS GRANDE:_____

PALABRAS NUEVAS APRENDIDAS: _____

UNA ANÉCDOTA GRACIOSA:_____

LO MÁS BONITO DEL VIAJE: _____

HEMOS APRENDIDO:_____

A MEJORAR EN NUESTRO PRÓXIMO VIAJE:_____

NOTAS:_____
_____
_____
_____
_____
_____
_____
_____
_____
_____
_____
_____
_____
_____
_____
_____
_____
_____
_____
_____
_____
_____
_____
_____
_____
_____
_____
_____
_____
_____
_____

El tiempo vuelo cuando viajo contigo.

Foto

DESTINO:_____**FECHA:** _____/_____/_____

TRANSPORTE: _____
EL TIEMPO: _____
EL MEJOR PLATO QUE HEMOS PROBADO: _____
HEMOS ELEGIDO ESTE SITIO PORQUE: _____
EL CHOQUE CULTURAL MÁS GRANDE:_____
PALABRAS NUEVAS APRENDIDAS: _____
UNA ANÉCDOTA GRACIOSA:_____
LO MÁS BONITO DEL VIAJE: _____
HEMOS APRENDIDO:_____
A MEJORAR EN NUESTRO PRÓXIMO VIAJE:_____

NOTAS:_____
_____
_____
_____
_____
_____
_____
_____
_____
_____
_____
_____
_____
_____
_____
_____
_____
_____
_____
_____
_____
_____
_____
_____
_____
_____
_____
_____

Cada viaje hace que nos volvamos a enamorar, de nosotros mismos, y de la vida.

Foto

DESTINO:_____**FECHA:** _____/_____/_____

TRANSPORTE: _____
EL TIEMPO: _____
EL MEJOR PLATO QUE HEMOS PROBADO: _____
HEMOS ELEGIDO ESTE SITIO PORQUE: _____
EL CHOQUE CULTURAL MÁS GRANDE:_____
PALABRAS NUEVAS APRENDIDAS: _____
UNA ANÉCDOTA GRACIOSA:_____
LO MÁS BONITO DEL VIAJE: _____
HEMOS APRENDIDO:_____
A MEJORAR EN NUESTRO PRÓXIMO VIAJE:_____

NOTAS:_____
_____
_____
_____
_____
_____
_____
_____
_____
_____
_____
_____
_____
_____
_____
_____
_____
_____
_____
_____
_____
_____
_____
_____
_____
_____
_____

El mundo es nuestro.

Foto

DESTINO:_____ **FECHA:** ____/____/____

TRANSPORTE: _____
EL TIEMPO: _____
EL MEJOR PLATO QUE HEMOS PROBADO: _____
HEMOS ELEGIDO ESTE SITIO PORQUE: _____
EL CHOQUE CULTURAL MÁS GRANDE:_____
PALABRAS NUEVAS APRENDIDAS: _____
UNA ANÉCDOTA GRACIOSA:_____
LO MÁS BONITO DEL VIAJE: _____
HEMOS APRENDIDO:_____
A MEJORAR EN NUESTRO PRÓXIMO VIAJE:_____

NOTAS:_____
_____
_____
_____
_____
_____
_____
_____
_____
_____
_____
_____
_____
_____
_____
_____
_____
_____
_____
_____
_____
_____
_____
_____
_____

¡Escapémonos juntos!

Foto

DESTINO:_____**FECHA:** ____ / ____ / ____

TRANSPORTE: _____
EL TIEMPO: _____
EL MEJOR PLATO QUE HEMOS PROBADO: _____
HEMOS ELEGIDO ESTE SITIO PORQUE: _____
EL CHOQUE CULTURAL MÁS GRANDE:_____
PALABRAS NUEVAS APRENDIDAS: _____
UNA ANÉCDOTA GRACIOSA:_____
LO MÁS BONITO DEL VIAJE: _____
HEMOS APRENDIDO:_____
A MEJORAR EN NUESTRO PRÓXIMO VIAJE: _____

NOTAS:_____
_____
_____
_____
_____
_____
_____
_____
_____
_____
_____
_____
_____
_____
_____
_____
_____
_____
_____
_____
_____
_____
_____
_____
_____

Ver Netflix contigo en el sofá es una bonita costumbre; pero viajar juntos, eso es un lujo.

Foto

DESTINO:_____ **FECHA:** _____/_____/_____

TRANSPORTE: _____
EL TIEMPO: _____
EL MEJOR PLATO QUE HEMOS PROBADO: _____
HEMOS ELEGIDO ESTE SITIO PORQUE: _____
EL CHOQUE CULTURAL MÁS GRANDE:_____
PALABRAS NUEVAS APRENDIDAS: _____
UNA ANÉCDOTA GRACIOSA:_____
LO MÁS BONITO DEL VIAJE: _____
HEMOS APRENDIDO:_____
A MEJORAR EN NUESTRO PRÓXIMO VIAJE:_____

NOTAS:_____
_____
_____
_____
_____
_____
_____
_____
_____
_____
_____
_____
_____
_____
_____
_____
_____
_____
_____
_____
_____
_____
_____
_____

Viajar es cambiarle la ropa al alma.

Foto

DESTINO:_____**FECHA:** _____/_____/_____

TRANSPORTE: _____
EL TIEMPO: _____
EL MEJOR PLATO QUE HEMOS PROBADO: _____
HEMOS ELEGIDO ESTE SITIO PORQUE: _____
EL CHOQUE CULTURAL MÁS GRANDE:_____
PALABRAS NUEVAS APRENDIDAS: _____
UNA ANÉCDOTA GRACIOSA:_____
LO MÁS BONITO DEL VIAJE: _____
HEMOS APRENDIDO:_____
A MEJORAR EN NUESTRO PRÓXIMO VIAJE:_____

NOTAS:_____
_____
_____
_____
_____
_____
_____
_____
_____
_____
_____
_____
_____
_____
_____
_____
_____
_____
_____
_____
_____
_____
_____
_____

El mejor souvenir de este viaje son los bonitos recuerdos juntos

Foto

DESTINO: _____ **FECHA:** _____/_____/_____

TRANSPORTE: _____
EL TIEMPO: _____
EL MEJOR PLATO QUE HEMOS PROBADO: _____
HEMOS ELEGIDO ESTE SITIO PORQUE: _____
EL CHOQUE CULTURAL MÁS GRANDE: _____
PALABRAS NUEVAS APRENDIDAS: _____
UNA ANÉCDOTA GRACIOSA: _____
LO MÁS BONITO DEL VIAJE: _____
HEMOS APRENDIDO: _____
A MEJORAR EN NUESTRO PRÓXIMO VIAJE: _____

NOTAS: _____
_____
_____
_____
_____
_____
_____
_____
_____
_____
_____
_____
_____
_____
_____
_____
_____
_____
_____
_____
_____
_____
_____
_____
_____
_____

Planear nuestras
vacaciones me hace volar
de alegría.

Foto

DESTINO:_____ **FECHA:** _____/_____/_____

TRANSPORTE: _____
EL TIEMPO: _____
EL MEJOR PLATO QUE HEMOS PROBADO: _____
HEMOS ELEGIDO ESTE SITIO PORQUE: _____
EL CHOQUE CULTURAL MÁS GRANDE: _____
PALABRAS NUEVAS APRENDIDAS: _____
UNA ANÉCDOTA GRACIOSA: _____
LO MÁS BONITO DEL VIAJE: _____
HEMOS APRENDIDO: _____
A MEJORAR EN NUESTRO PRÓXIMO VIAJE: _____

NOTAS: _____
_____
_____
_____
_____
_____
_____
_____
_____
_____
_____
_____
_____
_____
_____
_____
_____
_____
_____
_____
_____
_____
_____
_____
_____

PARA COLOREAR LOS DESTINOS DONDE HEMOS ESTADO

¡PARA CORTAR, RELLENAR Y REGALAR!

CUPÓN
VÁLIDO PARA
UN VIAJE A:

★ ★ ★ ★ ★

CUPÓN
VÁLIDO PARA
UN VIAJE A:

★ ★ ★ ★ ★

Made in the USA
Coppell, TX
19 September 2023

21750898R00033